DIX OPUSCULES DE PROPAGANDE

PAR

AUGUSTE RICHE

Prêtre de Saint-Sulpice

JE SAVAIS BIEN

QUE CELA

ME PORTERAIT BONHEUR

PARIS

E. PLON ET Cⁱᵉ, IMPRIMEURS-ÉDITEURS

RUE GARANCIÈRE, 10

1875

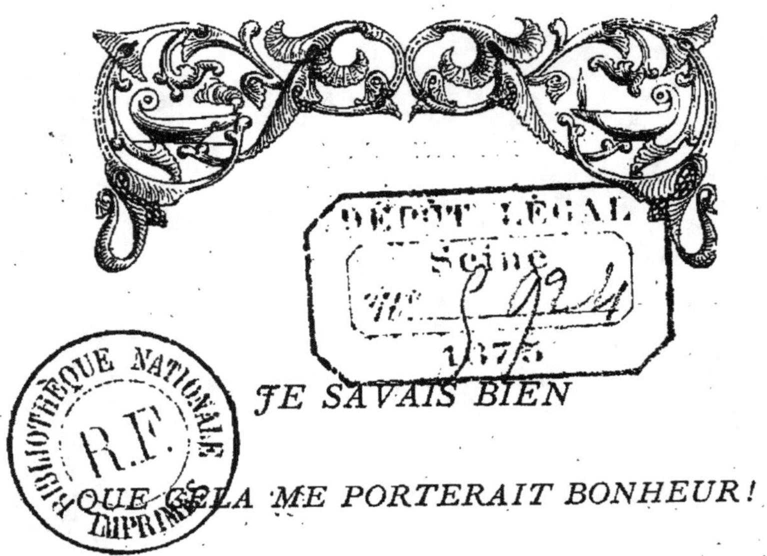

JE SAVAIS BIEN

QUE CELA ME PORTERAIT BONHEUR!

u mois de mai 1871, après les désastres du siége de Paris et à la fin des horreurs de la Commune, je fus appelé par la Providence à me charger d'un ministère effrayant : celui de préparer et de conduire à la mort les insurgés condamnés par la cour martiale du Luxembourg. C'était sous la désignation de classés qu'ils m'étaient amenés dans une chambre obscure où je me tenais, près du terrible tribunal; et c'est moi qui avais à leur donner la signification de ce mot de convention. J'ai dû remplir ces horribles fonctions pendant six jours et quatre nuits. En vérité, sans l'assistance de Dieu, après les combats et les suprêmes douleurs du siége, c'était à rendre cent fois fou d'émotion.

Le jeudi 25 mai, dans la matinée, et pendant qu'on se battait encore non loin de Notre-Dame, un tout jeune homme fut introduit près de moi comme classé. C'était un ouvrier. Il portait une blouse déchirée, toute couverte de taches; et cette blouse, largement ouverte sur la poitrine, laissait voir d'autres vêtements dans le même désordre. Sa figure et ses mains étaient noires et luisantes. Ce garçon-là sentait, à dix pas, la poudre et le pétrole. Il était un de ceux qui n'avaient absolument rien compris au mot de classé, avec lequel il avait été congédié de la cour martiale ; et comme il n'avait point été pris en flagrant délit, il ne croyait pas sa cause si mauvaise.

Lorsque je lui eus annoncé, avec ménagement et peu à peu, qu'il était condamne à quelque chose de plus que la prison et la détention, et qu'il allait être fusillé, il se laissa tomber comme foudroyé contre la muraille ; puis, se frappant le front du poing :

— AH ! s'écria-t-il, JE SAVAIS BIEN QUE ÇA ME PORTERAIT MALHEUR !

Je m'approchai de lui, et je l'engageai doucement à se confier à moi. Pendant quelque temps, il garda le silence. Tout à coup, il releva la tête, me regarda fixement, puis il me dit :

— Tenez, je vais tout vous avouer ; mais

dépêchez-vous de vous en servir ; dans une heure, il serait trop tard !... Hier au soir, moi-même, j'ai porté à Notre-Dame deux barils de poudre et deux bombonnes de pétrole. J'ai placé les deux barils de poudre dans les conduits du calorifère, l'un en haut, l'autre en bas de l'église. Pour le pétrole, j'en ai mis une bombonne, non pas dans la grande chaire où qu'on prêche, mais dans une autre chaire, à côté des bancs, où qu'on s'asseoit ; — il voulait dire le trône archiépiscopal, ou bien l'ambon : — et l'autre, je l'ai placée sous l'orgue, dans les boiseries... Mais, je le répète, dépêchez-vous de faire courir à Notre-Dame pour enlever tout cela... — Quelle heure est-il ?

— Neuf heures et demie, lui répondis-je en regardant à ma montre.

— C'est entre neuf et dix heures qu'on doit mettre le feu.

Je fis venir aussitôt un gardien de la paix pour surveiller le condamné, et je courus vite raconter au prévôt la révélation qui venait de m'être faite. — Tout cela est exact, très-exact, lui ajoutai-je, j'en suis sûr; et ma pensée est que votre condamné était un de ceux qui devaient mettre le feu. Il n'y a pas de temps à perdre; vite à Notre-Dame!

Le prévôt fit aussitôt partir pour la cathédrale le condamné lui-même, avec plusieurs gardiens de la paix. Une heure après, il me le ramenait; et me prenant à part :

— Il était temps! me dit-il; on a trouvé la poudre et le pétrole aux endroits indiqués, et lorsque, déjà, des chaises étaient en flammes dans la cathédrale; mais on a pu tout enlever et conjurer l'incendie; maintenant, il n'y a plus de danger.

— Eh bien! dis-je au prévôt, mais vous n'allez pas faire fusiller un homme aux révélations duquel nous devons la conservation de Notre-Dame?... Et puis, songez donc! à quelques pas de la cathédrale, il y a l'Hôtel-Dieu, avec ses malades par centaines; et si Notre-Dame avait fait explosion, quelle épouvantable catastrophe!... Il faut gracier cet homme...

— C'est juste, me répondit le prévôt; il ne sera pas fusillé.

Après quelques instants de réflexion, l'officier jugea prudent de ne pas mettre ce jeune ouvrier immédiatement en liberté. Il était sage de ne point le jeter dans la rue au moment où l'on se battait encore, et sans connaître ses antécédents. C'était une affaire à examiner plus tard. En attendant, le prévôt lui annonça qu'il ne serait pas mis à mort, qu'il avait à me remercier de ce que j'avais fait pour lui, et qu'on lui tenait compte de ses aveux. Puis, lui ayant fait une petite morale à sa manière, il me laissa le jeune homme et se retira.

A mon tour, je lui fis ma morale aussi; mais je fis plus encore. L'ouvrier repentant se confessa; et je le remis aux gardiens de la paix, gracié par la justice humaine et pardonné par la divine miséricorde.

Quelques jours plus tard, j'appris des détails circonstanciés sur le danger imminent auquel Notre-Dame avait échappé. On me raconta qu'au moment où l'on enlevait le pétrole et la poudre aux endroits indiqués, des chaises mises en tas étaient enflammées tout à côté des stalles et de l'ambon où se trouvait le pétrole. Ce furent des internes de l'Hôtel-Dieu qui éteignirent le feu.

Probablement, ceux qui avaient allumé

cet incendie ignoraient qu'il y eût là, si près, de la poudre et du pétrole. Mais la chaleur et les flammes n'auraient pas manqué de s'y communiquer; de sorte que, indépendamment de l'intention que l'on avait d'ailleurs de mettre directement le feu aux matières préparées, elles auraient produit d'une autre manière leur effet destructeur. Quant à l'heure de la consommation du crime, le jeune pétroleur m'avait donné un renseignement qui paraissait exact : une demi-heure plus tard, et c'en était fini de Notre-Dame de Paris !

Après ces affreuses journées de la cour martiale, je n'ai revu Notre-Dame que le jour du service funèbre pour les otages. En entrant dans cette auguste basilique, si sainte par les souvenirs qui s'y rattachent, si célèbre par les événements historiques qui se sont produits dans ses murs, si magnifique, enfin, par son architecture! en pensant que tous ces souvenirs avaient été sur le point de se perdre sous les ruines de cet admirable chef-d'œuvre de l'art chrétien, je me sentis saisi d'une profonde émotion. Et quand je pensai que la Providence avait permis que je fusse l'un des instruments de sa conservation, je tombai à genoux, et j'en remerciai Dieu dans toute la reconnaissance et l'effusion de mon âme.

Le premier mot de la révélation qui a sauvé Notre-Dame de Paris a été celui-ci : Je savais bien que ça me porterait malheur !

Trois ans plus tard, la pensée me vint d'entreprendre la publication de dix opuscules de propagande, destinés à combattre les effroyables ravages causés dans les intelligences et les mœurs publiques par les productions de la presse immorale et impie. L'entreprise était difficile : je résolus de la mettre sous la protection toute spéciale de la très-sainte Vierge, en commençant par publier les Harmonies de son culte; et je me dis, en me rappelant, par contraste, la révélation qui avait sauvé Notre-Dame : Cela me portera bonheur!

Je n'ai pas été trompé dans ma confiance. Après le Bref de Pie IX, faisant connaître à l'auteur « qu'il acceptait avec gratitude la Dédicace qui lui avait été faite de son livre, et qu'il le jugeait très-opportun et d'une très-grande utilité »; après les témoignages les plus honorables de l'épiscopat; après les recommandations les plus sympathiques de la presse catholique, le succès des Opuscules a été tel, que plus de vingt-cinq mille exemplaires étaient déjà répan-

dus quelques mois après leur publication, et que l'autorisation de les traduire en anglais et en allemand était en même temps demandée...

JE SAVAIS BIEN QUE CELA ME PORTERAIT BONHEUR!

A. R.

Paris, juin 1875.

Les Opuscules de propagande de M. l'abbé A. Riche
sont au nombre de dix :

Le Dogme; — le Culte; — les Harmonies du culte de
la très-sainte Vierge et la Virginité; — l'Homme;
la Famille; — l'Église, 2 vol. ; — la Société civile;
— les Ordres religieux; — l'Art chrétien.

Grands in-18 de 80 à 100 pages. — Prix : 50 c.

LIBRAIRIE ADRIEN LE CLÈRE, 29, RUE CASSETTE, PARIS.

L'auteur est en mesure de procurer ces Opuscules
au prix de 25 centimes, — le port non compris, —
aux personnes qui en demanderaient, pour la propagande, un certain nombre, — au moins deux col-
lections complètes : 5 francs, — et qui lui adresse-
raient personnellement leur demande, 50, rue de
Vaugirard, à Paris. Pour en faciliter la propagande,
il pourrait se charger de les faire parvenir et distri-
buer dans les armées de terre et de mer, dans les
hôpitaux et les prisons, suivant l'intention qui lui
en serait exprimée.

PARIS. TYP. E. PLON ET Cie.

PARIS. TYP. E. PLON ET Cie, RUE GARANCIÈRE, 8